G. Lacour-Gayet.

Bonaparte, membre de l'Institut
de la République cisalpine.

— o —

(Extrait des Séances et Travaux de l'Académie
des Sciences morales et politiques. — Nov.-déc. 1922.)

BONAPARTE, MEMBRE DE L'INSTITUT
DE LA RÉPUBLIQUE CISALPINE

A la séance du 11 prairial an IX (31 mai 1801) de la
1ʳᵉ classe (Sciences physiques et mathématiques) de l'Institut
national des Sciences et des Arts, le procès-verbal porte
cette mention :

« Le Citoyen Monge présente des épreuves d'une gravure faite à Bologne, à l'occasion de la réception du
Citoyen Bonaparte à l'Institut de la République Cisalpine. »

Qu'était l'Institut de la République Cisalpine ?

Comment Bonaparte en devint-il membre ?

Répondre à ces deux questions, ce sera compléter par
des renseignements peu connus la notice que nous avons
lue sur « Bonaparte, membre de l'Institut [1] ».

* *

En l'année 1714, le comte Louis-Fernand de Marsigli
fonda à Bologne, sa ville natale, une académie qui prit le
nom d'Institut des Sciences et des Arts de Bologne.

Marsigli, dont Fontenelle a prononcé l'éloge comme
associé étranger de notre Académie des Sciences, avait
une carrière de soldat et de savant ; les sciences d'obser

---

1. Séance de l'Académie des Sciences morales et politiques, du
16 avril 1921. Voir les *Séances et Travaux de l'Académie*, mars-avril 1922.
— Cette lecture est devenue un livre : *Bonaparte membre de l'Institut*,
avec seize illustrations hors texte ; II-94 pages in-8° Gauthier-Villars, 1921.

vation, comme la géographie et l'histoire naturelle, l'inté-
ressaient d'une manière particulière. Aussi voulut-il que
l'Institut qu'il fondait fût autre chose qu'une réunion de
beaux esprits ; il s'efforça de lui donner avant tout le
caractère d'un établissement d'enseignement supérieur,
destiné aux recherches scientifiques d'ordre pratique.
L'acte de fondation portait « que la jeunesse studieuse et
que toute personne désireuse d'apprendre les sciences
pratiques, pourrait voir, aussi d'une manière pratique,
ces sujets qui dans l'enseignement public ne sont pas du
tout traités ou sont traités seulement d'une manière théo-
rique. »

Aussi cet Institut d'enseignement supérieur appliqué
comprenait-il des chaires et des laboratoires d'Astronomie,
d'Architecture militaire, de Physique expérimentale, d'Histoire naturelle, de Géographie, d'Anatomie, de Chirurgie,
d'Accouchement, d'Antiquités, etc. D'autre part, la fondation de Marsigli absorba, au cours du xviiie siècle, deux
académies bolonaises : l'académie des *Benedetti*, de caractère scientifique, qui portait ce nom en l'honneur du pape
Benoit XIV ; et l'académie *Clementina*, qui était une
académie de peinture, de sculpture et d'architecture.

L'Institut de Bologne avait déjà acquis une notoriété
particulière dans le monde savant, grâce à l'emploi qu'on
y faisait de la méthode expérimentale, quand Galvani,
qui était l'un de ses membres, fit à partir de 1780, ses
célèbres expériences sur les contractions musculaires des
grenouilles. C'est dire que Bologne, qui avait dû jadis à
la longue suite de ses jurisconsultes du xiie et du
xiiie siècle d'être comme la capitale des études de droit
romain, devait à présent aux membres de son Institut
d'être comme la capitale des recherches scientifiques fon-
dées sur l'expérimentation. Aussi les étrangers de distinc-
tion qui traversaient Bologne ne manquaient-ils pas de
faire une visite à l'Institut ; ses laboratoires, ses collec-

lions, sa bibliothèque méritaient, en effet, d'être examinés
en détail. Le 14 août 1796, Joséphine Bonaparte, accom-
pagnée par la femme du sénateur Bentivoglio, visita les
bâtiments de l'Institut, qui étaient installés dans un des
plus grands palais de la ville ; c'est aujourd'hui le palais
de l'université. La citoyenne Bonaparte put remarquer
que les vitrines présentaient plus d'un vide. Les commis-
saires qui accompagnaient l'armée française s'étaient fait
livrer, le 5 juillet précédent, les pièces les plus importantes
des collections. Le vainqueur de Lodi s'était lui-même
rendu à Bologne à deux reprises, en juin et en juillet ; il
devait encore y retourner en octobre.

Quand Bonaparte fonda, au mois d'octobre 1796, la
République Cispadane, avec les deux duchés de Reggio et
Modène et les deux légations pontificales de Bologne et
de Ferrare, le Conseil des Soixante, qui fut le premier
parlement élu en Italie, fixa, d'un accord unanime, dans
la ville de Bologne le siège de l'Institut national des
Sciences et des Arts, qui n'était autre que l'Institut fondé
par Marsigli.

Quelques mois plus tard, en juin 1797, au lendemain
des préliminaires de Léoben, la République Cispadane
était devenue la République Cisalpine, avec un territoire
beaucoup plus étendu, puisque le Milanais, le Mantouan,
les provinces vénitiennes de Bergame et de Brescia, la
Romagne étaient ajoutés aux territoires de l'année précé-
dente. L'article 297 de la Constitution du nouvel État,
exactement calqué sur l'article 298 de la Constitution
française de l'an III, portait : « Il y a pour toute la République (Cisalpine) un Institut national chargé de recueillir
les découvertes, de perfectionner les arts et les sciences. »
En France, l'article 298 a donné naissance à l'Institut
national des Sciences et des Arts, qui fut organisé par la
loi du 3 brumaire an IV (25 octobre 1795). Dans la
République Cisalpine, l'article 297 n'a pas eu à créer un

Institut, qui, depuis plus de quatre-vingt-dix ans, avait fourni des preuves éloquentes de sa vitalité. Aussi la loi du 19 brumaire an VI (9 novembre 1797) que Bonaparte fit déposer, au nom de la République française, auprès du Directoire exécutif de la République Cisalpine, se borna-t-elle à constater que « de grands établissements, de caractère pratique et en rapport avec l'objet de l'article 297 mettent en valeur la ville de Bologne »; elle ajoutait, en conséquence : « L'Institut national de la République Cisalpine est fixé à Bologne. » Le nom courant de l'ancien Institut du comte Marsigli fut désormais Institut national Cisalpin.

En recevant le texte de la loi du 9 novembre 1797, l'administration centrale du département du Reno, dont Bologne était le chef-lieu, exprima, le 22 novembre, « sa profonde reconnaissance au général en chef », pour « la présente loi qui est de nature à raviver dans Bologne l'antique splendeur des sciences et à la combler d'une célébrité nouvelle et plus grande[1] ».

La République Cisalpine et Bologne traversèrent des jours sombres lors de l'invasion victorieuse des armées austro-russes en 1799; mais, le 14 juin 1800, la journée de Marengo remit les choses en état. Le 5 juillet suivant, au quartier général de Bologne, le général Miollis, commandant la 4e division, adressait « aux citoyens composant l'administration provisoire » la proclamation qui suit :

« Nous plantons aujourd'hui, Citoyens, l'arbre de la liberté qui doit faire revivre les vertus, les sciences, les belles-lettres et les arts. Tandis que vous vous employez à rallumer l'amour de la patrie, je vous invite à le fonder principalement sur l'instruction.

« Le nom de Bologne retentit auprès de tous les peuples

---

1. Pour ce texte et d'autres qui sont cités dans cette notice, on trouvera les références dans l'étude d'Ettore Bortolotti, *Materiali per la storia dell' Istituto nazionale*, Modena, 1915, in-quarto.

civilisés de l'Europe comme le nom d'un des sièges par excellence de la science. Rendons-lui hommage, citoyens, avec une fête publique consacrée aux sciences, aux lettres, aux arts. Célébrez-la le 25 messidor (14 juillet), au jour anniversaire de la liberté française.

« Je serai avec vous pour animer la fête et la rendre plus solennelle.

« Salut et considération. »

**

Comment reconnaître ces hommages publics rendus par les autorités françaises à la gloire de Bologne ? L'administration du département du Reno et l'Institut national Cisalpin furent d'accord que le moyen le plus éloquent était de nommer Bonaparte comme membre de l'Institut. Le général appartenait à l'Institut français, dans la Classe des Sciences physiques et mathématiques, depuis l'année 1797 ; il appartiendrait de même à l'Institut Cisalpin.

Le Bolonais Marescalchi, membre du directoire de la République Cisalpine, qui se trouvait alors à Paris, fut chargé de faire une démarche pour savoir si cette idée serait agréable au Premier Consul. Berthollet fit connaître, le 25 septembre, la réponse de Bonaparte : le Premier Consul ne verrait qu'avec plaisir que son nom soit inscrit sur la liste des membres de votre Institut. »

Dès que cette nouvelle arriva à Bologne, l'administration du Reno, toujours d'accord avec l'Institut Cisalpin, décida que la nomination de Bonaparte devait revêtir un caractère honorifique d'une nature exceptionnelle : aussi serait-elle faite par acclamation ; une inscription garderait le souvenir de cette élection extraordinaire.

L'élection eut lieu, dans la forme qui avait été convenue, le 15 octobre 1800. Ce jour-là, 23 vendémiaire an IX, Luigi Falcani, secrétaire général de l'Institut Cisalpin, écrivit à Bonaparte une lettre qui sonne encore avec plus d'emphase dans son texte italien que dans cette traduction :

« Citoyen Premier Consul,

« L'Institut Cisalpin aurait eu peu d'amour pour lui-même, s'il n'avait pas depuis longtemps conçu le désir que votre nom ajoutât à la liste de ses membres un nouvel et rare ornement. Cependant il ne faisait rien, il n'osait vous prier de le satisfaire : il craignait d'encourir le reproche d'avoir trop d'ambition et d'audace. Mais le citoyen Berthollet, en approuvant lui-même notre ambition, nous l'a fait voir en beauté, et, grâce à un si grand homme, nous avons la confiance qu'elle ne doit pas vous déplaire à vous aussi. C'est pourquoi l'Institut, réuni aujourd'hui à cette seule fin et en séance extraordinaire, désirant vivement de faire tout le possible pour vous témoigner au mieux son hommage, vous a acclamé parmi ses membres, au milieu des applaudissements populaires et de la joie de tous ; il vous a ainsi accordé un titre qui en soi n'est pas nouveau, mais d'une manière entièrement nouvelle.

« J'ai l'honneur, du fait de mes fonctions, de vous en faire part. Je suis chargé de vous rappeler qu'Alexandre tint pour cher le droit de cité de Corinthe ; car il savait que ce droit n'avait été offert qu'à Hercule et à lui. Mais dans la célébrité de l'acclamation il n'y a pas d'Hercule qui vous ait précédé. Quel Alexandre pourra jamais être jugé digne de vous suivre ?

« Accueillez cependant cet acte de très légitime respect que l'Institut Cisalpin a à votre égard, et regardez-le comme une chose qui, aussi en vertu de ce nouveau titre, vous appartient.

« Au nom commun de tout l'Institut et en mon nom

propre, je vous souhaite autant de bonheur que vous avez de sagesse et de vertu. »

Le Secrétaire général L. Falcani composa aussi l'inscription commémorative ; elle fut placée dans la grande salle de l'Institut ; une inscription en l'honneur de Pie VII a remplacé en 1816, au même endroit, l'inscription en l'honneur du Premier Consul, membre de l'Institut Cisalpin. Mais une gravure a conservé le souvenir de ce monument ; c'est la gravure que Monge mit sous les yeux de ses confrères de la 1re classe dans la séance du 31 mai 1801 [1].

L'inscription était gravée sur une plaque de marbre, dont le cadre était formé par des attributs guerriers, des faisceaux, un légionnaire, une victoire casquée. En haut, une femme planant dans les airs, tendait une couronne au-dessus du médaillon du Premier Consul. Le texte, par extraordinaire, n'était pas en latin ; il portait :

NAPOLEONE BONAPARTE

PRIMO CONSOLE DELLA REP. FRANCESE

GVERRIERO-LETTERATO-POLITICO

SOMMO-INCOMPARABILE

FV ACCLAMATO SOCIO

DI QVESTO ISTITVTO

ADDI XXIII VENDEMMIATORE ANNO IX

A MEMORIA ETERNA

D'VN AVVENIMENTO COSI GLORIOSO

ALL'ITALIANA LETTERATURA

L'AMMINISTRAZIONE DEL DIPARTEMENTO DEL RENO

POSE

1. La Bibliothèque nationale, département des Estampes, n° 12655 de la collection Hennin, possède un exemplaire de cette estampe, signée « P. Palais inv. F. Rosaspina inc. ».

Au mois de janvier 1802, après la consulte de Lyon, la République cisalpine devint la République italienne. L'Institut national Cisalpin changea alors de nom ; il s'appela l'Institut national italien. Il fut divisé en trois Classes, comme l'Institut français : Physique et Mathématiques, Sciences morales et politiques, Littérature et Beaux-Arts. On sait que les arrêtés de 1803 donnèrent la mort — sans phrase — à la Classe des Sciences morales et politiques de notre Institut ; au delà des Alpes, il n'y eut rien de semblable. L'Institut national italien eut sa classe de Sciences morales et politiques pendant toute la durée du régime napoléonien[1]. Bonaparte Président de la République italienne n'avait pas à l'égard de ce nom les mêmes défiances que Bonaparte Premier Consul de la République Française ; du moins l'Institut italien reçut une composition nouvelle.

Un premier décret de Bonaparte, rendu à Saint-Cloud, le 5 octobre 1802, nomma trente membres de l'Institut national italien ; parmi eux on remarque les noms du chirurgien Scarpa, du physicien Volta, des astronomes Oriani et Cagnoli, du peintre Appiani, des mathématiciens Canterzani et Fontana. Ces trente premiers membres devaient dresser au scrutin et à la majorité absolue une liste de candidats en nombre double des membres à élire pour compléter le cadre qui devait être de soixante.

Un second décret de Bonaparte, rendu à Paris le 6 avril 1803, s'exprime ainsi :

« Bonaparte, Premier Consul de la République Française et président de la République italienne :

« Vu la proposition faite... par les membres de l'Institut national réunis à Bologne pour le choix des individus

---

1. Le tome (divisé en deux parties) contenant les mémoires de cette classe de l'*Istituto nazionale Italiano* parut à Bologne en 1809 et 1813. Bibl. Nat., Invent. R. 3694-3395.

qui manquent encore pour compléter le nombre établi de
soixante,

« Décrète :

« ART. I. — Les citoyens Bonaparte Napoléon, Melzi
d'Eril... sont nommés membres de l'Institut national. »

Cette nouvelle liste, en tête de laquelle Bonaparte s'est
placé le premier comprend trente et un noms. La première
liste en contenait trente. Cependant les cadres de l'Institut ne dépassèrent jamais le nombre de soixante membres.
L'un des membres de la première liste, Carlo Bianconi,
mort sans doute peu après, avait laissé une place vacante ;
c'est pourquoi la liste de 1803 compta trente et un noms,
au lieu de trente, sans que le total ait été supérieur à
soixante [1].

Il ne paraît pas que Bonaparte ait jamais prit part aux
travaux de l'Institut national Cisalpin ou Italien, comme il
prit part, au moins jusqu'en 1802, aux travaux de notre
Institut ; mais de quel prestige ne jouissait-il pas auprès
de ses confrères d'Italie ! En 1806 l'Institut national Italien
commença la publication des mémoires de ses trois classes.
Le tome I, qui contient des mémoires de la Classe de
Physique et Mathématiques, s'ouvre par une épître dédicatoire « à la sacrée Majesté de Napoléon premier, Empe-
reur des Français et roi d'Italie ». On y rappelle une visite
qu'il fit à Bologne, à l'Institut : « Vous daignâtes venir
pour réjouir notre humble séjour et le rendre heureux par
votre auguste présence. » A propos des événements des
années 1805 et 1806, il est dit : « De vous en fait il se
réalise que devant le prodige de votre valeur et de votre
sagesse les peuples sont frappés de silence et leurs con-

1. Nous devons ce renseignement sur Carlo Bianconi à une obligeante
communication de M. le professeur Ettore Bortolotti, de l'Université de
Bologne.

ducteurs s'accordent sans parler à reconnaître en vous l'arbitre de l'Europe. » Après avoir rappelé le nom d'Alexandre, l'épître se termine ainsi : « Vous avez l'ambition de laisser derrière vous à une grande distance bien moins celui qui dompta l'Asie que celui qui fonda Alexandrie, qui conserva la maison de Pindare, qui envia à Achille le tombeau d'Homère, l'élève et l'ami d'Aristote, le protecteur des Appelle et des Lysippe.

« De votre Sacrée Majesté,

« Les très humbles, très respectueux, très fidèles serviteurs et sujets,

« Les membres de l'Institut national Italien ».

Napoléon a-t-il jamais jeté les yeux sur l'épître dédicatoire de ses confrères de Bologne ? S'il l'a fait, il n'a pas dû s'étonner de leurs expressions. En cette année 1806, où il jetait à terre le royaume de Prusse, après avoir culbuté le saint-empire germanique, les peuples étaient saisis à la fois de crainte et d'admiration. Qu'il songeât à renouveler la mémoire d'Alexandre autrement que par la gloire des armes, c'était bien l'une de ses ambitions. Et s'il y avait quelque hyperbole dans les louanges des académiciens de Bologne, elle pouvait se comprendre chez des Italiens à l'égard de l'homme, de souché italienne, qui venait de rendre à l'Italie son nom sur la carte de l'Europe.

G. LACOUR-GAYET.

Séance du 5 novembre 1921.